BEI GRIN MACHT SICH I
WISSEN BEZAHLT

- Wir veröffentlichen Ihre Hausarbeit, Bachelor- und Masterarbeit
- Ihr eigenes eBook und Buch - weltweit in allen wichtigen Shops
- Verdienen Sie an jedem Verkauf

Jetzt bei www.GRIN.com hochladen und kostenlos publizieren

Jana Silvia Lippmann

Grenzen der Übersetzbarkeit

GRIN Verlag

Bibliografische Information der Deutschen Nationalbibliothek:

Die Deutsche Bibliothek verzeichnet diese Publikation in der Deutschen Nationalbibliografie; detaillierte bibliografische Daten sind im Internet über http://dnb.d-nb.de/ abrufbar.

Dieses Werk sowie alle darin enthaltenen einzelnen Beiträge und Abbildungen sind urheberrechtlich geschützt. Jede Verwertung, die nicht ausdrücklich vom Urheberrechtsschutz zugelassen ist, bedarf der vorherigen Zustimmung des Verlages. Das gilt insbesondere für Vervielfältigungen, Bearbeitungen, Übersetzungen, Mikroverfilmungen, Auswertungen durch Datenbanken und für die Einspeicherung und Verarbeitung in elektronische Systeme. Alle Rechte, auch die des auszugsweisen Nachdrucks, der fotomechanischen Wiedergabe (einschließlich Mikrokopie) sowie der Auswertung durch Datenbanken oder ähnliche Einrichtungen, vorbehalten.

Impressum:

Copyright © 2004 GRIN Verlag GmbH
Druck und Bindung: Books on Demand GmbH, Norderstedt Germany
ISBN: 978-3-638-86627-9

Dieses Buch bei GRIN:

http://www.grin.com/de/e-book/30653/grenzen-der-uebersetzbarkeit

GRIN - Your knowledge has value

Der GRIN Verlag publiziert seit 1998 wissenschaftliche Arbeiten von Studenten, Hochschullehrern und anderen Akademikern als eBook und gedrucktes Buch. Die Verlagswebsite www.grin.com ist die ideale Plattform zur Veröffentlichung von Hausarbeiten, Abschlussarbeiten, wissenschaftlichen Aufsätzen, Dissertationen und Fachbüchern.

Besuchen Sie uns im Internet:

http://www.grin.com/

http://www.facebook.com/grincom

http://www.twitter.com/grin_com

Grenzen der Übersetzbarkeit

TU Chemnitz
Philosophische Fakultät
Fachgebiet Romanistik
Teilgebiet Kulturwissenschaft
Sommersemester 2004
Hauptseminar: Sprache - My home, sweet home
Verfasserin: Jana Lippmann

Gliederung

0. Einleitung

1. Ziel der Übersetzung

2. Probleme beim Übersetzen

    2.1 Die Kultursphäre

    2.2 Beispiele für kulturbezogene Elemente

        2.2.1 Farben

        2.2.2 Die Sprache

        2.2.3 Maßsysteme

        2.2.4 Uhrzeiten

    2.3 Die so genannten unübersetzbaren Wörter

    2.4 Das Spiel mit der Sprache

        2.4.1 Homonyme

        2.4.2 Synomyme

        2.4.3 Homophone

        2.4.4 Sprechende Namen

        2.4.5 Syntaktische Mehrdeutigkeit

        2.4.6 Metaphern

        2.4.7 Wortschöpfung

        2.4.8 Dialekte

        2.4.9 Alliteration

        2.4.10 Reim

3. Anforderungen an eine gute Übersetzung

    3.1 Hierarchie der Textfunktionen

    3.2 Die doppelte Bindung

    3.3 Textänderungen

4. Schlusswort und Ausblick

Bibliographie

0. Einleitung

Als Leser eines in die eigene Muttersprache übersetzten Textes geht man davon aus, dass diese Version ein Äquivalent zum Originaltext darstellt. Doch inwieweit ist eine solche Annahme berechtigt? Wie nah kann eine ideale Übersetzung an das entsprechende Original heranreichen? Ist jeder Text aus einer beliebigen Sprache in eine andere beliebige Sprache übertragbar oder müssen Abweichungen stets in Kauf genommen und als unausweichlich angesehen werden?
Diese Arbeit wird sich mit diesen Fragen beschäftigen und wird häufige Probleme und deren Lösungsansätze besprechen. Die angeführten Beispiele stammen aus verschiedenen fiktionalen Texten.

1. Ziel der Übersetzung

Das Anfertigen einer Übersetzung bedeutet das Übertragen der Sprache und des kulturellen Hintergrundes. Es stellt sich jedoch die Frage, ob die Übersetzung eines fiktiven Textes wie ein Originalwerk der eigenen Nationalliteratur wirken oder charakteristische Züge der fremden Literatur und Kultur vermitteln soll. Dies ist abhängig vom Verhältnis der beiden Kultursphären und von der zeitgenössischen kulturellen Situation. Die informative Funktion der Übersetzung ist in der Regel umso stärker je entlegener die Originalliteratur ist. Je mehr offensichtliche Unterschiede beide Kulturen aufweisen, desto schwieriger wird es, diese Unterschiede zu kaschieren und die Übersetzung wie ein Original wirken zu lassen und desto stärker muss der Text durch zusätzliche Erklärungen der Empfängerseite angepasst werden. (vgl. Levý 1969:74f.)
Übersetzungsungenauigkeiten bei technischen Texten, wie zum Beispiel Gebrauchsanweisungen, können mitunter weitreichende praktische Folgen haben. Ein solcher Text wurde geschrieben, um Handlungsanweisungen zu geben und zeichnet sich durch eine besondere Adressatengerichtetheit aus. Die Verantwortung des Übersetzers bezieht sich auf Sache, auf die Wirklichkeit des Textes. Vieldeutigkeiten sind deshalb bei Sach- und Fachtexten zu vermeiden. (vgl. Koller 1997:276f.)
Anders verhält es sich bei poetischen Texten, bei denen es primär nicht um die Wiedergabe des Inhalts, sondern um die Wiedergabe oder Rekonstruktion der sprachlichen Form geht. Künstlerisch-schöpferisches Übersetzen bedeutet das Bemühen um eine ästhetisch äquivalente und stilistisch adäquate zielsprachliche Lösung. Meist ist dies nicht durch eine wörtliche Übersetzung realisierbar, so dass der Übersetzer auf die Möglichkeiten der Kompensation zurückgreifen muss.

2. Probleme beim Übersetzen

2.1 Die Kultursphäre

Die Bestandteile des kulturellen Systems sind sehr vielfältig und reichen von der Geographie und der Flora und Fauna über Technik, Architektur und dem Rechtssystem bis hin zu allen Arten von gesellschaftlichen Konventionen. Es sind sozial-ökonomische und kulturelle Erscheinungen und Einrichtungen, die typisch für eine bestimmte Kultur sind. Diese kulturspezifischen Elemente dürfen nicht losgelöst vom Text betrachtet werden, denn sie erfüllen eine bestimmte Funktion. Im fiktionalen Text dienen sie als Bezug zur realen Welt. Um sie adäquat übersetzen zu können, bedarf es einer Interpretation der Symbole.

Jeder Text ist in einer Kultur verankert. Die Aufgabe des Übersetzers ist es, die kommunikative Differenz zwischen den Kulturen zu überbrücken. (vgl. Koller 1997:59f.) Besonders schwierig gestaltet sich das bei Übersetzungen, bei denen sich die empfängerseitigen Bedingungen stark von denen der Ausgangssprache unterscheiden, wie z.B. deutsch - chinesisch. Innerhalb Europas findet man einen ähnlichen Geist, ähnliche Vorstellungen und einen ähnlichen Sprachbau. Doch bei Übersetzungen zwischen deutlich verschiedenen Kulturen müssen der sprachliche Kontext, andere sprachlich-stilistische Mittel, das andere Textuniversum, die andere sozio-kulturelle Situation und die unterschiedlichen Wissensvoraussetzungen stärker berücksichtigt werden. Was im Ausgangstext bestimmte Assoziationen hervorruft und als selbstverständliche Voraussetzung des Alltagslebens angesehen werden kann, kann der Zielkultur völlig fremd sein. (vgl. Koller 1997:109)

Doch auch bei einem geringen Abstand von Ausgangs- zu Zielkultur können Übersetzungsschwierigkeiten entstehen, gerade weil sie so eng zu sein scheinen. Wenn dem Leser der Übersetzung etwas entgehen würde, was ursprünglich enthalten war, muss dieser Verlust durch Erläuterungen oder Andeutungen ausgeglichen werden. In Stendhals Roman *Le Rouge et le Noir* werden einige Figuren dadurch charakterisiert, dass sie eine bestimmte Zeitung lesen. In der Übersetzung geht dieser Gedanke verloren, da die typisierende Anspielung nicht verstanden wird. Dieses Problem kann am besten durch geschicktes Einflechten einer Erläuterung gelöst werden, z.B. *er bezieht den liberalen Constitutionel*. (vgl. Levý 1969:97f.)

Erwartungsnormen, in die der Originaltext eingebettet ist, können in der Übersetzung störend wirken. An solchen Stellen greifen die Übersetzer in den ursprünglichen Text ein, um den Lesererwartungen gerecht zu werden. Eventuell lassen sie Textstellen weg oder schwächen sie ab, um nicht gegen politische, ideologische oder moralische Normen zu verstoßen. (vgl. Koller 1997:111)

Im Folgenden sollen einige ausgewählte kulturspezifischen Übersetzungsprobleme näher beleuchtet werden.

2.2 Beispiele für kulturbezogene Elemente

2.2.1 Farben

Sprachliche Konventionen halten sich nicht immer an wissenschaftliche Erkenntnisse. Im deutschen Sprachgebrauch existieren vier Grundfarben. Im Englischen sind es sechs. Schon dieses Beispiel zeigt kulturgebundene Unterschiede in der Betrachtung der Welt. Zwar kann jede Farbangabe prinzipiell übersetzt werden, doch jede Nation, jede Kultur kann darunter etwas anderes verstehen und unterschiedliche Assoziationen mit einer Farbe verbinden. So gilt schwarz im westlichen Kulturkreis als Trauerfarbe. Im fernöstlichen Gebrauch steht dafür das Weiße, das man in Europa mit Reinheit und Unschuld verbindet. Im deutschen Sprachgebrauch spricht man von neidgelb, während die Russen mit dieser Farbe Trennung und Verrat assoziieren.

Auch Kulturen, die geographisch nicht weit voneinander entfernt liegen und sich sehr ähnlich zu sein scheinen, machen Unterschiede. Während eine Übersetzung von *schwarz wie die Nacht* ins Italienische nicht schwerfällt, da der Vergleich *nero come la notte* möglich ist, existiert die Assoziation *schwarz wie die Hölle* im Italienischen nicht.

2.2.2 Die Sprache

In L. Carrolls *Alice's Adventures in Wonderland* werden mehrmals metalinguistische Angaben gemacht wie *„[Alice] quite forgot how to speak English"* oder *„Perhaps it doesn't speak English."* David Horton (2002:103ff.) zeigt, wie in den zahlreichen deutschen Übersetzungen mit der Sprache der Figuren umgegangen wird. Dem Übersetzer bieten sich dabei drei Möglichkeiten:

1. Er kann *english* durch *deutsch* ersetzen. Dies kann jedoch zu Konflikten mit Maßen oder Namen führen, falls diese nicht ebenfalls dem Deutschen angepasst wurden. Auch eine langatmige Unterrichtsstunde in englischer Geschichte stört das einheitliche Bild.
2. Die Figuren sprechen eine nicht definierte Sprache, befinden sich also in einem Niemandsland. Doch eine Geschichte in einem kulturellem Vakuum zu erzählen, ist nicht möglich, da sich an anderen Stellen Hinweise auf eine bestimmte kulturelle Umgebung finden.
3. Die Benennung der Sprache wird als *englisch* beibehalten. Aber dadurch entsteht die paradoxe Situation, dass Deutsch als Medium in einer englischsprachigen Welt dargestellt wird.

Alle genannten Methoden haben Vor- und Nachteile, so dass es eine optimale Lösung nicht gibt. Wichtig ist jedoch eine einheitliche Umsetzung, die in den untersuchten Übersetzungen nicht in jedem Fall eingehalten wurde.

2.2.3 Maßsysteme

Außer in Sachtexten, wie Reisebeschreibungen, bei denen es auf eine exakte Inhaltswiedergabe ankommt, werden ungewohnte Maßsysteme im Allgemeinen ersetzt, da sich der deutschsprachige Leser unter Aršin, Draa und Pint nicht viel vorstellen kann. Die Umrechnung der Maßeinheiten muss nicht exakt sein, eine angenäherte Angabe genügt in der Regel.

Währungen gelten jedoch als spezifischer Bestandteil eines bestimmten Landes und werden deshalb stets beibehalten. Spielt eine Geschichte in den Vereinigten Staaten, lässt man die Personen mit Dollar bezahlen und rechnet nicht in Euro um.

2.2.4 Uhrzeiten

Die Übertragung von Uhrzeiten scheint auf den ersten Blick kein großes Problem darzustellen. Wenn sich hinter der Zeitangabe jedoch eine kulturgebundene Gewohnheit verbirgt, kann dies anders sein. *9am* als Kennzeichnung des Unterrichtsbeginns wird in den Übersetzungen von *Alice's Adventures in Wonderland* mit *8 Uhr* wiedergegeben. Bei *1.30 pm* sind sich die Übersetzer nicht ganz einig. Diese Uhrzeit kennzeichnet in diesem Fall die Mittagessenszeit und wird entweder mit *halb eins* oder mit *ein Uhr* wiedergegeben. (vgl. Horton 2002:103)

2.3 Die so genannten unübersetzbaren Wörter

Unterschiedliche sprachliche und nichtsprachliche individuelle Erfahrungen können zu abweichenden Inhalten der einzelnen Sprachen führen. Hat die Zielsprache keinen so weiten und vielsagenden Ausdruck wie die Ausgangssprache, ist eine Wort-für-Wort-Übersetzung nicht möglich. Dies betrifft die so genannten unübersetzbaren Wörter, wie das deutsche Wort *Schadenfreude* oder das französische *esprit*. Letzteres kann im Deutschen als *Geist, Stimmung, Verstand* oder *Feinsinnigkeit* wiedergegeben werden. Das deutsche Wort *Geist* kann im Englischen wiederum durch *mind, intellect, intelligence, thinking faculty, spirit* oder *human spirit* übersetzt werden. (vgl. Koller 1997:236ff.) Doch all dies sind nur Teilbedeutungen des ursprünglichen Ausdrucks. Der Übersetzer muss die Wirklichkeit kennen, die sich hinter dem Text verbirgt und sich für eine der engeren Bedeutungen entscheiden.

Schwierig gestaltet sich auch die Übersetzung von kulturspezifischen Elementen, wie *High school, college* oder *Gymnasium*. Diese Ausdrücke provozieren eine echte Lücke im lexikalischen System der Zielsprache, in der es möglicherweise ähnliche, aber nicht gleiche Einrichtungen gibt. (vgl. Koller 1997:232ff.) Um diese Lücke zu schließen, bieten sich neben der Verwendung der am nächsten liegenden Entsprechung, die bereits gezeigt wurde, mehrere Möglichkeiten an:

1. Übernahme des Ausdrucks, eventuell mit einer Anpassung an morphologische und phonetische Normen; z.B. das auch im Deutschen gebräuchliche *Joint venture*

2. Lehnübersetzung; z.B. dt.: *Der Deutsche Fußballbund* > schwed.: *Tyska fotbollsförbundet*
3. Umschreibung, Kommentar oder Definition; z.B. engl.: *non-foods* > dt.: *Produkte, die keine Lebensmittel sind*. Eine solche Umschreibung wirkt jedoch sperrig und ist nicht häufiger verwendbar.
4. Adaption. Das kulturspezifische fremde Element wird durch einen zielsprachlichen Ausdruck in vergleichbarer Funktion ersetzt. Dieses Vorgehen ist jedoch problematisch, da dadurch falsche Assoziationen hervorgerufen werden. Außerdem kann ein zu häufiges Anwenden dieser Methode zu einer eigenen Textproduktion führen.

2.4 Das Spiel mit der Sprache

2.4.1 Homonyme

Wortspiele haben in literarischen Texten eine zentrale Bedeutung. Sie beruhen meist auf Lautähnlichkeit oder Mehrdeutigkeit, sind aber nicht in allen Sprachen gleich. Beispielsweise liegt im deutschen Wort *Bank* ein Homonym vor, denn mit dieser Bezeichnung kann ein Geldinstitut oder eine Sitzgelegenheit gemeint sein. Ins Spanische *(el banco)* und Portugiesische *(o banco)* kann ein Bank-Wortspiel problemlos übertragen werden. Schwierigkeiten können jedoch bei Sprachen entstehen, die beide Bedeutungen stets unterscheiden: engl. *the bench - the bank* ; frz. *le banc - la banque*. Eine Übersetzung erfordert in diesen Fällen eine schöpferische Bearbeitung.

Der folgende französische Witz beruht auf der Doppeldeutigkeit von *la langue*, womit Zunge gemeint ist, aber Sprache verstanden wird. Im Deutschen geht diese wortspielerische Komponente verloren.

Bsp. 1 (zitiert nach Koller 1997:262)

Elle: Après avoir fait voir ma langue au médecin, celui-ci m'a dit que tout mon mal provenait du surmenage. - Lui: Tu vois! Combien de fois ne t'ai-je pas dit: ne parle pas tant!

Sie: „Nachdem ich dem Arzt meine Zunge gezeigt hatte, hat er gesagt, bei mir käme alles von der Überarbeitung." Er: „Siehst du! Wie oft hab ich dir schon gesagt: Sprich nicht so viel!"

Ein weiteres Beispiel für Doppeldeutigkeit stammt aus Shakespeares *Hamlet*. Die Totengräber unterhalten sich darüber, dass ihr Handwerk schon seit Adam eine alte Tradition habe. Im englischen Original wird mit dem Wort *arms* gespielt, das a) Wappen, b) Arme, c) Waffen bedeuten kann. In der Übersetzung von A. W. v. Schlegel wurde diese Vieldeutigkeit vom Substantiv *arms* auf das Partizp *armiert* übertragen, um den Effekt des Wortspiels zu erhalten.

Bsp. 2 (Virý 1969:79)

zweiter Totengräber: War der ein Edelmann?
erster Totengräber: Er war der erste, der je armiert war.
zweiter Totengräber: Ei, was wollt' er?
erster Totengräber: Was? bist du ein Heide? Wie legst du die
Schrift aus? Die Schrift sagt: Adam grub.
Konnte er ohne Arme graben?

2.4.2 Synonyme

Synonyme werden oft zur Vermeidung von Wiederholungen oder zur stilistischen Variation abwechselnd verwendet. Die einzelnen Wörter haben zwar grundsätzlich die gleiche Bedeutung, können sich aber durch eine unterschiedliche Frequenz, ihre stilistische Wirkung oder einen bestimmten Anwendungsbereich auszeichnen. *Aufmachen* ist umgangssprachlicher als *öffnen*, *käuflich erwerben* bildet die gehobene Form zu *kaufen* und *der Lenz* ist die poetische Variante zu *Frühling*. Diese Abstufungen sich jedoch nich in allen Sprachen gleichermaßen möglich, so dass dasselbe Wort mehrfach verwendet werden muss. (Wandruszka 1971:109)

Bsp. 3 aus *Billard um halb zehn* von Heinrich Böll (Wandruszka 1971:60)

„**Mach auf**, Hugo" ... Er drehte den Schlüssel um und **öffnete**
engl.: **Open** the door ... he **opened** the door
frz.: **Ouvre-moi** ... il **ouvrit**
ital.: **Apri** ... **apri**
span.: **Abre** ... **abrió**
port.: **Abre** ... **abriu**

2.4.3 Homophone

Das englische Wortspiel *tale* und *tail* aus L. Carrolls *Alice's Adventures in Wonderland* ist mit einer wortgetreuen Übersetzung von *Erzählung* und *Schwanz* nicht wiederzugeben, denn der Witz würde dadurch verloren gehen.

Bsp. 4 (Koller 1997:261)

„*You promised to tell me your history, you know*", said Alice [...] „*Mine is a long and a sad tale!*" said the Mouse, turning to Alice, and sighing. „*It is a long tail, certainly*", said Alice, looking down with wonder at the Mouse's tail [...]

Die angeführten deutschen Übersetzungsvarianten versuchen auf unterschiedliche Weise die Doppeldeutigkeit zu verlagern, um den Witz zu erhalten.

dt. A: *„Was ich hinter mir habe, ist sehr lang und traurig", sagte die Maus, wandte sich zu Alice herum und seufzte. „Allerdings, du hast was Langes hinter dir", sagte Alice und schaute verwundert auf den langen, gewundenen Mauseschwanz [...]*

dt.B: *„Ach", seufzte das Mäuslein, „ihr macht euch ja aus meinem Erzählen doch nichts; meine Geschichten sind euch zu langschwänzig." Dabei sah sie Alice fragend an. „Langschwänzig! das ist wahr!" rief Alice und sah mit Verwunderung auf den langen, geringelten Schwanz der Maus.*

dt.C: *„Meine Geschichte ist traurig", sagte die Maus. „Aber ich bin von Natur aus weitschweifig, und deswegen fürchte ich, meine Geschichte könnte es auch werden." „Was deine Person angeht, so hast du recht", sagte Alice und sah dabei mit Staunen auf den langen Schwanz der Maus hinunter.*

dt.D: *„Mein Lebensbericht ist lang und hat ein trauriges Ende", begann die Maus seufzend. Alice war gerade in die Betrachtung des langen Schwanzes der Maus vertieft und hatte deshalb nur die letzte Hälfte des Satzes gehört. „Ja, lang ist er, aber warum bezeichnest du sein Ende als traurig?" forschte sie erstaunt, [...]*

2.4.4 Sprechende Namen

Übertragungsprobleme können auch sprechende Namen bereiten. In *Ulysses* von James Joyce geht es um *Father Coffey,* dessen Name dem Wort *coffin (Sarg)* ähnelt. Die deutsche Übersetzung arbeitet mit einer Erklärung: *Pater Coffey. Wußte doch, daß sein Name an coffin (Sarg) erinnert.* (Koller 1997:259)
In der französischen und spanischen Version wird der Name durch einen anderen ersetzt, der dem jeweiligen Wort für Sarg ähnlich ist. Dadurch kann das Sprachspiel erhalten werden: frz.: *Le Père Serqreux (cercueil)*; span.: *El padre Esaúd (ataúd)*. Die serbo-kroatische Übersetzung findet einen Weg, der Figur einen irisch klingenden Namen zu erhalten und gleichzeitig das Wortspiel bewahren: *Otac Covey (kovceg).*

2.4.5 Syntaktische Mehrdeutigkeit

Witze, die auf syntaktischer Mehrdeutigkeit beruhen, entstehen, wenn die Hierarchie- und Abhängigkeitsbeziehungen in Syntagma oder Satz nicht eindeutig sind und auf unterschiedliche Art interpretiert werden können.

Bsp.5 (Koller 1997:148)

„Könnte ich wohl das rote Kleid im Schaufenster anprobieren?" fragt die Kundin. „Gern, gnädige Frau", sagt die Verkäuferin zaghaft, „aber wir haben auch Kabinen zum Anprobieren".

Ins Englische ist dieser Witz problemlos übertragbar: *„Can I try on the red dress in the window?"*
Bei einer Übertragung ins Französische entstehen jedoch große Probleme, da *„Puis-je essayer la robe dans la vitrine?"* zu auffällig ist und die Fortsetzung des Witzes behindert.

2.4.6 Metaphern

Metaphern können nicht immer durch dasselbe Bild übersetzt werden. Manchmal kann es sinnvoller sein, zur Substitution durch ein anderes, in der Zielsprache verständlicheres Bild zu greifen oder auf die Metapher zu verzichten und stattdessen eine Paraphrase zu verwenden. Der Wegfall des stilistischen Mittels führt jedoch zur Verflachung im Vergleich zum Original. (vgl. Koller 1997:254ff.)
Im folgenden Beispiel aus *Der Vorleser* von Bernhard Schlink kann die verwendete Metapher nicht ins Französische übertragen werden.

Bsp. 6 (Thome 2002:313)

Oder sie nahm meine Hand und legte sie auf ihren Bauch. „Möchtest du, daß er Löcher kriegt?"

Ou bien elle prenait mes mains et les posait sur les oreilles: „Tu arrêtes?"

Doch wenig später findet sich in der Übersetzung ein stärkerer Ausdruck als im Original. Dadurch gleichen sich beide Versionen aus. Die Übersetzung droht nicht zu verflachen.

Auf meine Frage, was sie quäle, reagierte sie unwirsch.

Quand je lui demandais ce qui la tracassait, elle m'envoyait promener.

2.4.7 Wortschöpfung

Individuelle Wortprägungen sind meist übersetzbar. Manchmal ist jedoch kein Stilmittel mehr erkennbar. Das folgende Wortspiel stammt aus *Die Blechtrommel* von Günther Grass.

Bsp. 7 (Koller 1997:260)

Wenn meine Großmutter nach solch einem Hausputzbackwaschundbügelsonnabend [...] ganz und gar in den Badezuber stieg [...]

Die französische Übersetzung versucht ebenfalls die Stimmung eines solchen Tages einzufangen. Doch leider lässt das Französische eine so konsequente Aneinanderreihung mehrerer Wörter nicht zu. Das Endergebnis wirkt nicht mehr so gewaltig wie im deutschen Original.

Quand ma grand-mère, après un samedi de grand ménage-cuisine-lavage-repassage [...] entrait tout entière dans le cuvier [...]

In der englischen Übersetzung geht die deutsche Komposition in einer Aufzählung auf, die die Eigentümlichkeit des ursprünglichen Wortes völlig verloren hat. Dafür ergibt sich am Ende des Satzes eine andere Möglichkeit des Wortspiels, eine Alliteration.

When, after one of these Saturdays spent in housecleaning, baking, washing and ironing [...] my grandmother immersed herself from top to toe in the tub [...]

2.4.8 Dialekte

Das Verhältnis der Nationalsprache zu seinen Regionalsprachen ist in jedem Volk anders. Ein für eine bestimmte Gegend typischer Dialekt lässt sich in einer anderen Sprache nicht wiedergeben, da man ihn dort nicht mehr erkennen würde. Im Originalwerk vermittelt er Authentizität, die jedoch bei der Übersetzung verloren geht. Oft werden Mundarten deshalb wie der gesamte Text in die Hochsprache übertragen.

Bsp. 8: Günther Grass: *Die Blechtrommel* (Wandruszka 1971:111)

Fresche Eierchen, Butter joldjelb und Ganschen, nich zu fett, nich zu mager!

Fresh eggs, golden creamy butter, geese not too fat, not too thin

Les oeufs frais, le beurre jaune d'or et les oisons, pas trop gras, pas trop maigres!

Das Ersetzen eines ausgangssprachlichen Dialekts durch einen zielsprachlichen kann störend wirken. Plattdeutsch sprechende Cowboys sollten vermieden werden. Falls das Übertragen in die Hochsprache nicht erwünscht ist, kann eine Umgangssprache verwendet werden, die Züge mehrerer Mundarten trägt, ohne für eine bestimmte typisch zu sein.

Bsp. 9 (Thome 2002:307)

*"The weed, man, **wudjerthink**?"* > *"Gras, Mann, **wasn** sonst?"*

2.4.9 Alliteration

Bsp.11: Cornelia Funke: *Lilli, Flosse und der Seeteufel* (Thome 2002:309)

*Denn überall zwi**sch**en den mor**sch**en **Sch**iffen hu**sch**en kleine und große Leuchtfi**sch**e umher.*

Die stimmlosen Reibelaute verdeutlichen lautmalerisch die raschen Bewegungen. Die französische Übersetzung versucht diesen phonetischen Effekt durch Verwendung eines Labiodentals zu erhalten.

*... car la cité **f**ourmille de poissons-torches qui se **f**au**f**ilent **f**urtivement entre les vieilles épaves.*

2.4.10 Reim

Selten reimt sich ein Wortpaar sowohl in der Ausgangs- als auch in der Zielsprache, wie *kalt - alt* und *cold - old*. Meist muss der Reim kompensatorisch vollzogen, das heißt mit anderen lexikalischen und phraseologischen Ausdrücken realisiert werden.

Notfalls werden Bedeutungen hinzugefügt oder weggelassen, oder es stehen nichtssagende Wörtchen im Reim, im Englischen beispielsweise *he* oder *be*. (Levý 1969:177f.)

Bsp. 11: Goethes *Faust* (Thome 2002:311)

> *Ich wünschte sehr der Menge zu **behagen**,*
> *Besonders weil sie lebt und leben **läßt**.*
> *Die Pfosten sind, die Bretter **aufgeschlagen**,*
> *Und jedermann erwartet sich ein **Fest**.*
>
> *Fain would I please the crowd, and with good **reason***
> *Their motto: Live and let live, I **approve**.*
> *The posts, the boards are up, and for **season***
> *Each looks for such a feast as he doth **love**.*

Zur Erhaltung des Reims wurden in jedem Vers neue Angaben hinzugefügt. Es sind jedoch keine inhaltlichen Veränderungen eingetreten, die die Gesamtwirkung stören würden. (vgl. Thome 2002:312)

Beispiel 12 stammt aus Mozarts *Don Giovanni*. (Koller 1997:288) Während die Übersetzungsvariante A die Zahl 1800 zugunsten des Reims auf 1000 abrundet, behalten die Variante B und die englische Version die Zahl bei und verzichten auf den Reim.

Giovanni (piano a Leporello)
Udisti? qualche bella
> *Dal vago abbandonata. Poverina!*
> *Cerchiamo di consolare il suo **tormento**.*
*Leporello: (Così ne consolò **milleottocento**.)*

dt.A: G.: *Komm, laß uns, sie zu trösten, näher **gehen**!*
           L.: *So hab' ich ihn schon **Tausend** trösten **sehen**.*

dt.B   G.: *Versuchen wir, sie in ihrer Qual zu trösten.*
           L.: *(So tröstete er ihrer tausendachthundert.)*

engl.   G.: *Let's attempt to console her in her sorrow.*
           L.: *(As he's consoled some eighteen hundred.)*

Oft sind Details im lyrischen Text nicht so unveränderlich, dass sie nicht zugunsten des Reims aufgegeben werden könnten. Noch stärker als in Beispiel 12 zeigt dies das folgende, in dem das Spiel mit dem Wort wichtiger als der Inhalt ist.

Bsp. 13: Christian Morgenstern: *Das ästhetische* Wiesel (Levý 1969:103)

Ein Wiesel
saß auf einem Kiesel
inmitten Bachgeriesel

Das Reimspiel ist wichtiger als inhaltliche Genauigkeiten. Ob es sich in der Übersetzung immer noch um einen Wiesel handelt, ist deshalb zweitrangig. Mögliche Varianten sind unter anderem: (Levý 1969:103f.)

A weasel	*A ferret*	*A mink*
perched on an easel	*nibbling a carrot*	*sipping a drink*
within a patch of teasel	*in a garret*	*in a kitchen sink*

3. Anforderungen an eine gute Übersetzung

3.1 Hierarchie der Textfunktionen

Formen, die eine bestimmte semantische Funktion haben, sollen bewahrt werden, aber es ist nicht sinnvoll, auf die Bewahrung aller sprachlichen Formen bestehen. Durch unterschiedliche Voraussetzungen und Eigenarten werden in jeder Sprache bestimmte Formen begünstigt und andere benachteiligt. So besteht die englische Sprache aus vielen einsilbigen Wörtern und enthält deshalb viele Homonyme und Synonyme. Dies sind besonders günstige Bedingungen für Wortspiele, die in anderen Sprachen nicht immer funktionieren müssen.

Stilprägende Werte haben von Sprache zu Sprache also einen unterschiedlichen Stellenwert. Um entscheiden zu können, welche Elemente erhalten werden sollen oder können, ist es nötig, die primären und sekundären Textfunktionen zu ermitteln. Von dieser Hierarchie und von den zur Verfügung stehenden Mitteln hängt die zielsprachliche Lösung ab. (vgl. Koller 1997:118)

3.2 Die doppelte Bindung

Bei der Übersetzung ist auf die doppelte Bindung an Ausgangstext und Empfängertext zu achten. Ansonsten wird entweder die Autonomie des Ausgangstextes missachtet, oder es entsteht eine unverständliche und unleserliche Wort-für-Wort-Übersetzung. Die

Bindung an das Original ist jedoch eine relative Größe, da sie von jedem Leser und von jedem Übersetzer anders bewertet wird. (vgl. Koller 1997:191ff.)

3.3 Textänderungen

Eine Übersetzung kommt in der Regel nicht ohne Eingriffe in den Ausgangstext aus. Sachtexte, wie z.b. Gebrauchsanweisungen, müssen unter Umständen der Wirklichkeit angepasst werden. Falls dem Übersetzer solcher Texte Fehler im Original auffallen, ist eine Korrektur möglich und sogar wünschenswert. Falls unterschiedliche technische Standards vorliegen, ergänzt der Übersetzer ebenfalls, um Ungenauigkeiten und Missverständnisse zu vermeiden. Das Original eines literarischen Textes darf jedoch nicht verbessert werden, selbst wenn offensichtliche Unstimmigkeiten mit der Realität auftauchen, beispielsweise wenn die nordamerikanischen Ureinwohner blaue Augen haben. (vgl. Levý 1969:35)

Stilistische Veränderungen können auch dann eintreten, wenn die Zielsprache keine so ausdrucksstarken Mittel wie die Ausgangssprache zur Verfügung hat. Es besteht die Gefahr, die Übersetzung ärmer zu gestalten als das Original, weil man stärkere Ausdrücke, die in der Ausgangssprache nicht vorhanden sind, nicht nutzt, obwohl sie für die Zielsprache typisch sind. (vgl. Levý 1969:58ff.)

Unauffälligere und nicht notwendige Verzerrungen können entstehen, wenn ästhetische Qualitäten eingefügt werden, für die der Übersetzer eine Vorliebe hat. Es kommt zu einer stilistischen Umwertung, die nicht durch die unterschiedlichen Voraussetzungen der Sprachen bedingt ist.

4. Schlusswort und Ausblick

Eine gute Übersetzung erfasst das Ziel des Originalwerkes und vermittelt es einem anderssprachigen Publikum, ohne dabei ein neues Werk schaffen. Ein sklavisches Festhalten an einzelnen Wörtern ist im Allgemeinen nicht erforderlich und oftmals auch nicht möglich. Der Übersetzer muss aber darauf achten, den kommunikativen Effekt zu erhalten, damit der Leser der Übersetzung an den gleichen Stellen zum Lachen oder zum Nachdenken angeregt wird wie der Leser des Originals.

Literarisch-ästhetisch geformte Texte setzen Wortspiele und Vieldeutigkeiten bewusst ein, wodurch die Sprache zu einem wichtigen Teil des Werkes wird. Doch je größer die Rolle der Sprache bei der künstlerischen Gestaltung des Textes ist, desto schwieriger wird die Übersetzung. Indem man die Sprache, mit der der Originaltext spielt, durch eine andere ersetzt, ist es, als würde man den Motor, das Herzstück austauschen. Die Übersetzung von Poesie erfordert daher besonders große Wendigkeit und erlaubt eine größere Freiheit. (vgl. Levý 1969:55)

Oft kommen bei der Übersetzung von Lyrik nur kompensatorische Mittel in Betracht, da eine wörtliche Übersetzung unmöglich ist. Dennoch können Schattierungen und Nuancen erhalten bleiben, denn Lautmalerei wird durch Lautmalerei ersetzt, ein Reim wird durch einen Reim wiedergeben. Aber es werden andere Reime und andere Laute an anderen Stellen genutzt.

Die größte Treue verlangt ein Werk, dessen ideeller Schwerpunkt auf dem Gebiet des Einmaligen und Besonderen, in der Widerspiegelung eines bestimmten Milieus oder einer bestimmten Zeit liegt. Das sind vor allem Sachtexte wie Reportagen, aber auch fiktive Geschichten wie historische Romane. Poesie zielt eher auf das Allgemeine. Auch deshalb kann der Übersetzer ihr mit größerer Freiheit begegnen. (vgl. Levý 1969:107)

Zwischen Sprachen mit stark abweichenden kommunikativen Zusammenhängen ist eine Übersetzung schwierig, aber praktisch dennoch möglich. Die praktische Übersetzbarkeit ist jedoch zum Teil nur durch Kommentare gegeben, wodurch eventuell die sprachlich-stilistische Identität zerstört wird. Möglicherweise leiden Lesbarkeit, Verständlichkeit und Empfängerbezug. Doch Kulturen verändern sich, und eine geglückte, kreative Übersetzung kann Lücken in der Lexik der Zielsprache und im Hintergrundwissen der Leser schließen und den Grad der Schwierigkeiten vermindern. Das Übersetzen ist somit progressiv: Durch das Anfertigen von Übersetzungen wird die Übersetzbarkeit gesteigert. (vgl. Koller 1997:186)

Bibliographie

Horton, David: „Describing intercultural transfer in literary translation: Alice in 'Wunderland'". In: Thome, Gisela; Giehl Claudia; Gerzymisch-Arogast, Heidrun (Hrsg.): *Kultur und Übersetzung: Methodologische Probleme des Kulturtransfers*. Narr: Tübingen, 2002, S. 95 - 113

Koller, Werner: *Einführung in die Übersetzungswissenschaft*. Quelle & Meyer: Wiesbaden[5], 1997

Levý, Jiří: *Die literarische Übersetzung*. Athenäum: Frankfurt a.M., 1969

Thome, Gisela: „Methoden des Kompensierens in der literarischen Übersetzung". In: Thome, Gisela; Giehl Claudia; Gerzymisch-Arogast, Heidrun (Hrsg.): *Kultur und Übersetzung: Methodologische Probleme des Kulturtransfers*. Narr: Tübingen, 2002, S. 299 - 317

Wandruszka, Mario: *Interlinguistik: Umrisse einer neuen Sprachwissenschaft*. Piper: München, 1971